HEYNE <

Für Martha,
meine Seelenschwester

Ashley Davis Bush

# Das kleine Buch vom inneren Frieden

## Mit einfachen Ritualen Verbundenheit, Freude und Liebe erfahren

Aus dem Englischen übersetzt
von Karin Weingart

WILHELM HEYNE VERLAG
MÜNCHEN

Die Originalausgabe erschien 2020 unter dem Titel *The Little Book of Spiritual Bliss* bei Gaia Books, einem Imprint von Octopus Publishing Group Ltd, Carmelite House, 50 Victoria Embankment, EC4Y 0DZ, England.



FSC
www.fsc.org
MIX
Aus verantwortungsvollen Quellen
FSC® C005833

Verlagsgruppe Random House FSC® N001967

Taschenbucherstausgabe 11/2020

Redaktion: Dr. Diane Zilliges
Umschlaggestaltung: Guter Punkt, München, unter Verwendung von Motiven von © Julia Grischina/Adobe Stock und © Tatyana/Adobe Stock
Designer and Illustrator: Abigail Read
Herstellung: Helga Schörnig
Satz: Vornehm Mediengestaltung GmbH, München
Druck und Bindung: Těšínská Tiskárna, Český Těšín
ISBN 978-3-453-70409-1
www.heyne.de

# Inhalt

Einführung 6

Einführung: Ein innerer Anker 6

Bewusstwerdung 20

Verbundenheit 34

Wunder 44

Liebe 54

Vertrauen 64

Ewige Ruhe 76

Zum Schluss: Ein Segen 90

Literatur 92

Dank 94

# Einführung: Ein innerer Anker

»Ihr seid kein
Tropfen im Meer,
sondern das
ganze Meer
in einem Tropfen.«

RUMI (1207–1273),
PERSISCHER DICHTER
UND SUFI-MEISTER

**Mein Urgroßvater ritt Anfang des 20. Jahrhunderts als »Cowboy-Prediger« mit einer Bibel in der Satteltasche von Ranch zu Ranch. Er predigte, kümmerte sich um Kranke und taufte Babys. Wie man mir erzählte, war er oft so viele Stunden unterwegs, dass er sich Tabaksaft in die Augen träufelte, um wach zu bleiben.**

Er starb, als ich noch ein Kind war, doch bin ich bis heute im Besitz eines Briefes, den er mir zu meiner Geburt schrieb: »Ich würde Dich so gern sehen und dir einige Lebensregeln mit auf den Weg geben«, heißt es darin, »aber das muss warten. Hier nur schon so viel: Du kommst, wie wir beide wissen, von Gott, der Dein Zuhause ist. Andere dürften das auch wissen, für uns aber kann daran kein Zweifel bestehen.«

Er hatte recht: Ich bin mir ganz sicher, dass ich von einer Quelle jenseits meiner selbst herstamme. Und das gilt für Sie genauso wie für alle Menschen, Tiere und Pflanzen … Wir alle haben unseren Ursprung in derselben Energie, demselben Licht.

Viele sind sich dessen aber nicht bewusst, oder sie vergessen es mit der Zeit. Die Alltäglichkeiten des Lebens überschwemmen uns, wir werden von chronischem Stress und daraus resultierenden Beschwerden eingeholt. Sorgen, Depressionen, Entfremdung und Angst regieren die Welt, in der wir leben. Und so schlafen wir mitten im Leben ein, ohne all die Wunder zu bemerken, die uns umgeben. Ruhe lassen wir nur ganz selten einmal einkehren. Und so vergessen wir, woher wir kommen und wer wir in Wahrheit sind.

So muss es aber nicht sein. Denn es gibt den Weg zurück zur Quelle. Das Wissen um den Anker, unsere innere Richtschnur, ist keine Glaubenssache, sondern resultiert aus dem sinnlichen Erleben unseres erhabenen Ursprungs. Der Aufbau einer bewussten Beziehung zum Numinosen, zu Ihrer seelisch-spirituellen Herkunft, wird Sie nähren, stützen und in jeder Phase Ihres Lebens begleiten, bis in den Tod.

# Etwas Größeres

**Mit diesem Buch möchte ich Sie zur Erweiterung Ihres Gottes- und Spiritualitätsbegriffs einladen und dazu, die wohltuende Energie zu erspüren, die sowohl in Ihnen ist als auch über Sie hinausweist.**

»Gott«, ein Name für das Unnennbare, kann je nach persönlichem Hintergrund positive oder negative Assoziationen auslösen. Und weil jedes Wort eingrenzt und weil es vorbelastet sein kann, verwende ich für das Mysterium des Lebens verschiedene Begriffe.

Letztlich sind jedoch all diese Wörter nur Finger, die gen Himmel deuten, nicht aber der Mond selbst.

Spirituelles lässt sich nie vollständig verbalisieren oder intellektuell begreifen. Doch sehnen wir uns danach, weil es im Kern unseres Wesens liegt.

Das Gefühl, eins mit dem Numinosen zu sein, erzeugt tiefen inneren Frieden und große Ruhe. Wenn Ihnen bewusst ist, dass Sie nichts anderes sind als eine Verlängerung der Quelle, des Spirits, fühlen Sie sich geliebt und mit allem Leben auf diesem Planeten verbunden. Weil Sie spüren, dass alles genau so ist, wie es sein soll, auch wenn es vielleicht nicht so aussieht, schwindet Ihre Angst. Dann empfinden Sie anstelle von Widerstand und Leid die fließende Leichtigkeit des Seins.

# Der Kern der Spiritualität

Wahrscheinlich kennen Sie das Gefühl auch, diese intime Verbundenheit mit der Spiritualität. Denken Sie an einen Moment zurück, in dem Sie ganz entspannt, geerdet und ruhig waren und sich als Teil des großen Ganzen fühlten. Vielleicht in der Natur, an einem See oder im Wald. Vielleicht allein, vielleicht auch in Gesellschaft lieber Menschen oder eines Haustieres. Vielleicht hörten Sie Musik oder betrachteten Kunst von majestätischer Schönheit. Beinahe wäre Ihnen das Herz übergegangen, so tief waren der Frieden und die Ruhe, die Sie empfanden. Dieses Empfinden ist »erlebte Spiritualität«.

Wenn Sie an Momente der Freude, Liebe, Dankbarkeit und Ehrfurcht zurückdenken, die inspiriert waren von Kinderlachen, der untergehenden Sonne, von Ebbe und Flut, dann wissen Sie auch, wie es sich anfühlt, wieder mit Ihrem Ursprung, Ihrer eigentlichen Herkunft verbunden zu sein.

Ich habe das mit vier zum ersten Mal erlebt, als ich auf der Couch lag und ein schlafendes Hündchen auf der Brust hatte. Die Wärme, das weiche Fell, die Ursprünglichkeit gaben mir ein herrliches Gefühl von Frieden, Verbundenheit und Erfüllung.

# Eine religiöse Jugend

**Spiritualität und Religion sind natürlich nicht ein und dasselbe. Während Spiritualität sowohl die Verbundenheit mit dem Ursprung als auch deren Ausdruck bezeichnet, bezieht sich der Begriff Religion auf die von Menschen im Laufe der Zeit erfundenen Rituale, Dogmen und Traditionen, die das Entstehen dieser Verbundenheit vereinfachen sollen.**

In meiner Jugend besuchte ich eine liberale kongregationalistische Kirche, die Vorstellungen wie »Gott ist Liebe«, »Wir heißen alle willkommen« und »Seid nett zueinander« vertrat. Da diese Religion glücklicherweise gut zu meiner Spiritualität passte, konnte ich mich in meiner Gemeinde sicher und geborgen fühlen. Wobei ich meine spirituell tiefgründigsten Erlebnisse, denke ich heute, wohl eher außerhalb des Sonntagsgottesdienstes hatte – beim gemeinsamen freitäglichen Abendbrot in der Kirche und im Jugendchor mittwochabends.

Seither habe ich viele andere westliche, aber auch asiatische Religionen und spirituelle Traditionen studiert und von ihnen gelernt: Episkopalismus, lateinamerikanischer Katholizismus, Judentum, unitärer Universalismus, Buddhismus, Hinduismus, Mystizismus, Schamanismus, Zwölf-Schritte-Programme und sogar Wicca. Im Grunde hat mich jede Variante der Spiritualität interessiert. Zwischen uns und der Quelle des Lichts gibt es quasi viele bunte Glasfenster. Und obwohl jedes Fenster etwas anders aussieht, werden doch alle von demselben Licht erhellt.

Mit inspirierender Malerei und Architektur, erhabener Musik, heiligen Ritualen, aufrüttelnder Literatur und gesegneter Gemeinschaft können die Religionen die persönliche Spiritualität vertiefen und bereichern. Doch leider behindern sie unsere Verbundenheit mit dem Göttlichen oft oder verursachen sogar schrecklichen Schaden. Viele glauben, ihre religiöse Erziehung habe ihnen geschadet; anstelle von Verbundenheit hätten sie eher Verurteilung, Scham, Strafe und Angst erfahren. Was dazu führte, dass sie sich nicht rein fühlten, sondern schuldig, nicht aufgebaut, sondern enttäuscht und klein gemacht. Geht es Ihnen vielleicht auch so?

Ob Sie sich nun von der Religion belastet fühlen, ihr neutral gegenüberstehen oder sie als Bereicherung erleben – dieses Buch gibt Ihnen auf alle Fälle eine Gelegenheit, Ihre Spiritualität ganz neu zu erleben. Es lädt Sie ein, Ihr Herz für neue Erfahrungen auf allen Gebieten des Lebens zu öffnen. Und jenen inneren Frieden zu finden, der aus der alltäglichen Verbundenheit mit dem Wesentlichen resultiert.

# Vor Anker gehen

Die folgenden sechs Kapitel stellen ein Kompendium von Übungen dar, die Ihnen helfen können, zu innerem Frieden zu finden und ein innerlich rundum erfüllteres Leben zu führen. Darüber hinaus sollen Sie die einfachen Trainingseinheiten dabei unterstützen, sich auf Ihre Verbundenheit mit dem Numinosen, Ihrer spirituellen Quelle, zurückzubesinnen. Jeder Moment der Besinnung an sich bewirkt schon einen vorübergehenden Ausstieg aus der Tretmühle des Alltags. Aufgrund ihrer speziellen Eigenschaften können die Übungen in diesem Buch zudem unvermutete Veränderungen nach sich ziehen, die sich angenehm positiv auf Ihr Inneres auswirken.

Die ersten Übungen sollen Ihnen helfen, sich Ihres spirituellen Wesens bewusst zu werden (Kapitel 1) und sich mit dem Numinosen zu verbinden (Kapitel 2). Mit den nächsten Übungen hoffe ich, Ihren Blick auf Wunder (Kapitel 3), die Liebe (Kapitel 4) und das Vertrauen (Kapitel 5), schärfen zu können. Die letzten Übungen schließlich befassen sich mit dem Sterben, der ewigen Ruhe (Kapitel 6).

Sie können sich den Übungen in jeder beliebigen Reihenfolge widmen, versuchen Sie aber bitte, täglich mindestens eine durchzuführen. Womöglich finden Sie eine Trainingseinheit, die Sie Tag für Tag praktizieren und jeweils um ein, zwei andere ergänzen möchten. Folgen Sie dabei Ihrer Intuition. Wichtig ist, dass Sie sich angewöhnen, täglich kurz innezuhalten, um zu sich zu kommen und in Licht und Liebe zu baden.

# Vom Nutzen der Praxis

Die Übungen – täglich durchgeführt – …

- schenken Ihnen inneren Frieden.
- geben Ihnen ein Gefühl von Zufriedenheit und Erfüllung.
- lassen Sie den Sinn Ihres Lebens erkennen.
- helfen Ihnen, sich verbunden und unterstützt zu fühlen.
- vergrößern Ihr Mitgefühl.
- erfüllen Sie mit Freude und Dankbarkeit.
- bringen Licht in die dunklen Seiten des Lebens.
- stärken Ihr Vertrauen, dass alles wieder gut wird.
- lassen Sie spüren, dass Sie geliebt werden.
- zeigen Ihnen das Leben in bunten Farben, statt grau in grau.

- stellen einen Lichtblick in schweren Zeiten dar.
- beweisen, dass das Leben komplexer ist, als es scheint.
- werfen Ihnen in den Stürmen des Lebens einen Anker zu.
- verringern Ihre Angst vor dem Tod.

Das Spirituelle ist das Meer, und Sie sind eine von unzähligen Wellen. Sie sind ein Teil des Meeres, und das Meer ist ein Teil von Ihnen. Mithilfe der Instrumente, die ich Ihnen in diesem Buch vorstelle, können Sie sich in die Tiefen des Ozeans stürzen und von einem bewusst spirituell geführten Leben profitieren. Das gibt Ihnen Ruhe und Gelassenheit – und das heißt: tiefen inneren Frieden.

Genießen Sie ihn!

# 1. Bewusstwerdung

»Die Erleuchtung ist
ein Zufall, und Übung macht uns
anfälliger für Zufälle.«

WEISHEIT AUS DEM ZEN-BUDDHISMUS

**Mit fünfundzwanzig hatte ich in der Mittagspause einmal ein spirituelles Erlebnis. Ich war zu der Zeit Assistentin in der Buchhaltung einer New Yorker Werbeagentur. Und obwohl ich erst zwei Jahre dort arbeitete, war ich schon vollkommen erschöpft, desillusioniert, gefrustet. Ging es im Leben wirklich um nichts anderes als darum, Medikamente gegen Allergien zu verkaufen?**

Mein Leben kam mir vor wie eine Abfolge unbedeutender Anforderungen. Ich stand jeden Morgen auf, fuhr mit der U-Bahn zur Arbeit und kämpfte mich bis zu meinem Schreibtisch in einer winzigen, dunklen Bürowabe durch. Mein größtes Ziel: die Beförderung von der Assistentin zur Koordinatorin der Buchhaltung. Und damit eine größere, etwas hellere Bürowabe.

Und als ich eines Tages so auf der Parkbank saß und mein Mittagsbrot aß, kam die Sonne hinter den Wolken hervor und beleuchtete alles um mich herum. Plötzlich schien der Park zu leuchten, war voller Farbe und total surreal. Ich blickte zur Quelle des Lichtes empor, und mir fiel auf, wie *senkrecht* alles war.

Ich war umgeben von Hochhäusern, deren Fensterscheiben das Licht noch verstärkten. Und in diesem Moment fühlte ich mich aus der Tiefe meiner Melancholie ans Licht gehoben.

Jäh wurde mir klar, dass auch ich mich nach einem mehr vertikalen Leben sehnte, danach, eine neue Richtung einzuschlagen und das Transzendente zu erkunden. Ich erkannte, dass ich immer nur horizontal gelebt hatte, in aller Oberflächlichkeit allein auf mich selbst orientiert. Jetzt aber realisierte ich, dass es mehr gab: eine spirituelle Dimension, licht und senkrecht wie die Häuser um mich herum.

In der folgenden Zeit begriff ich, dass für mich die vertikale Dimension darin bestand, das gesamte Spektrum meiner Innenwelt zu erkunden – von den emotionalen Tiefpunkten bis hin zu den Höhen sublimer Transzendenz. Das verlangte aber auch einen meinem neuen Bewusstsein entsprechenden Berufswechsel.

Man braucht zwar keinen »vertikalen« Beruf, um ein »vertikales« Leben führen zu können, für mich aber fühlte es sich so richtig an. Zwei Jahre später war meine Weiterbildung zur spirituell orientierten Psychotherapeutin abgeschlossen.

Sich des Spirituellen bewusst zu werden heißt, sowohl die Einstellung sich selbst gegenüber als auch die zu allen anderen Lebewesen zu verändern – und jeden als Teil eines größeren Ganzen zu betrachten. Sobald Sie »aufwachen«, sehen Sie die Dinge anders als zuvor. Nach dem Schlummer nehmen Sie alles mit neuer Frische wahr.

Sich des Spirituellen bewusst zu werden heißt nicht, keine Schmerzen mehr zu empfinden, nie mehr traurig, krank oder besorgt zu sein. Da wir Erdenbürger aus Fleisch und Blut sind, bleiben unangenehme Dinge nicht aus; daran ändert auch die Spiritualität nichts.

Doch die solide Verbundenheit mit dem Spirituellen verhilft Ihnen zu dem Wissen, dass Sie nie allein sind. Und dass Ihnen Hilfe, Unterstützung, Trost, Führung und Gesellschaft der Quelle zuteilwerden.

Stärke aus einer spirituellen Quelle zu beziehen heißt, von der Tyrannei des Egos frei zu sein – oder zumindest freier als zuvor. Verringert sich Ihr falsches Ich (das Ego) zugunsten des echten (spirituellen) Selbst, fallen Sie den Verhältnissen und Problemen dieser Welt weniger leicht zum Opfer.

# Der Weg zu innerem Frieden

## 1 Das Morgenlicht

Während einer Klausur war ich im »Krankenzimmer« eines Klosters untergebracht. Es war mit der Kapelle verbunden, befand sich aber im Stockwerk darüber. Wahrscheinlich damit die Mönche auch im Falle einer Erkrankung noch am Klosterleben teilhaben konnten.

Frühmorgens wurde ich von den Klängen des Morgengebets geweckt. *War ich etwa im Himmel?* Die gregorianischen Gesänge und die Choräle danach faszinierten mich. Ich fühlte mich wie ein Engel, der unsichtbar und in aller Stille über der kleinen Versammlung schwebte, und war voller Freude. Die alten Gesänge zauberten mir ein Lächeln auf die Lippen. Diese einzigartig transzendente Erfahrung am Morgen begleitete mich Tag für Tag bis in die Abendstunden.

Natürlich werden nur die wenigsten von Mönchsgesängen geweckt. Die Energie, mit der wir den Tag beginnen, ist dennoch entscheidend. Wir können morgens hastig aus dem Bett springen, voller Angst und Sorgen, und sofort die Nachrichten anstellen oder die Mails checken. Oder aber wir besinnen uns einen Moment und bereiten uns bewusst auf den Tag vor.

## EIN MOMENT DER BESINNUNG

Freuen Sie sich nach dem Aufwachen über das Geschenk, einen weiteren Tag erleben zu dürfen, und lächeln Sie. Damit signalisieren Sie Ihrem Hirn, dass alles in Ordnung ist.

Lassen Sie sich dann vom jüdischen Morgengebet Modeh Ani inspirieren: »Ich danke Dir, König, Lebender und immer Bestehender, dass Du mir in Barmherzigkeit meine Seele wiedergegeben hast, groß ist Deine Treue.« Sagen Sie: »Modeh Ani – ich bedanke mich.«

Ja, Sie sind am Leben; Sie sind wach; ein neuer Tag liegt vor Ihnen. Schauen Sie sich um und nehmen Sie Ihr Umfeld genau wahr. Sehen Sie, wie schön alles ist.

Sagen Sie Ja zum Leben und verhalten Sie sich auch so. Denken Sie nicht: *Was muss ich heute tun?*, sondern: *Was bekomme ich heute alles geregelt?* Seien Sie offen für den neuen Tag, offen dafür, zu leben, zu lernen und ein Licht zu sein. *Lächeln Sie.*

# 2 Der Himmel auf Erden

Reiki, eine Technik zur Steigerung des Wohlbefindens, bedient sich der universellen Lebensenergie. Durch Auflegen der Hände kanalisieren die Praktizierenden das Reiki, das das heilende Chi oder Ki aktiviert – die nicht physische Lebenskraft, die uns durchfließt. Doch können Sie sich auch selbst Reiki geben.

## EIN MOMENT DER BESINNUNG

Stellen Sie sich im Sitzen einen warmen Energie- oder Lichtstrahl wohltuender liebender Güte vor. Visualisieren Sie diese Kraft, die durch den Scheitel in Ihren Kopf eindringt, durch Hals und Arme herabfließt und sich schließlich in Ihren Händen sammelt, die eventuell warm werden oder zu kribbeln beginnen.

Positionieren Sie die Hände wie Schalen nebeneinander, dann:

1. Legen Sie die Handflächen locker so über die Augen, dass auch Stirn und Wangen berührt werden. Atmen Sie und bleiben Sie einen Moment lang so.
2. Legen Sie dann beide Handflächen einen Moment lang sanft nebeneinander auf den Oberkopf. Und wieder das Atmen nicht vergessen.
3. Legen Sie sich eine Hand an die Stirn, die andere kommt an den Hinterkopf. Einen Moment lang so bleiben. Und atmen!
4. Nun umschließen Sie Ihr Gesicht vom Kinn ausgehend so mit den Händen, dass auch die Ohren berührt werden. Atmen!

Sind Sie jetzt ruhiger, fühlen Sie sich gehalten, irgendwie erweitert? Spüren Sie, dass Sie eins sind mit der Weite des Universums?

# 3 Sich einlassen

Während einer Klosterklausur vor zwanzig Jahren wurden wir von einer progressiven Nonne durch eine Meditation geführt, in der wir im Geiste neben Jesus saßen und mit ihm sprachen wie mit einem Bruder. Wir sollten ihm alles sagen, was uns belastete.

Für mich war diese spezielle Meditation überhaupt nichts, sie inspirierte mich einfach nicht, sondern nervte mich nur und weckte meinen Widerstand. Ich wollte nicht mit Jesus sprechen. Als ich der Nonne später davon berichtete, fragte sie mich, ob ich es vielleicht mal mit der Jungfrau Maria probieren wolle.

Beim nächsten Mal visualisierte ich Maria. Und zu meiner Überraschung stellte sich sofort eine Beziehung zu ihr her. Vielleicht, weil wir beide Frauen und Mütter sind, ich weiß es nicht. Meine Beziehung zur Jungfrau Maria jedenfalls ist nach dem Retreat von Jahr zu Jahr immer intensiver geworden.

In der Fantasie können wir tiefgründige Gespräche mit weisen Menschen führen, die längst nicht mehr unter uns sind. Probieren Sie die folgende Visualisierung. Zu wem stellen Sie eine Verbindung her?

## EIN MOMENT DER BESINNUNG

Stimmen Sie sich mit geschlossenen Augen auf den Moment ein. Was hören Sie? Achten Sie auf Ihre Atmung. Stellen Sie sich dann vor, Sie betreten einen schönen, angenehm beleuchteten Raum, in dem Sie einem weisen Menschen begegnen und mit ihm ins Gespräch kommen. Vielleicht ist es eine religiöse Gestalt wie Buddha, Shiva, Kuan Yin, Mohammed, der Papst oder auch ein Heiliger oder Erzengel. Sie können sich aber auch eine geliebte, bereits verstorbene Person vorstellen. Vielleicht sogar einen Vorfahren, den Sie nie kennengelernt haben. Stellen Sie sich vor, mit dieser Person zusammenzusitzen. Öffnen Sie sich ihrer Liebe und einem unvergesslichen Erlebnis.

Vielleicht fällt kein Wort, und Sie erspüren nur die Energie der Person. Oder aber Sie stellen ihr eine bestimmte Frage und schauen, welchen Rat Sie erhalten. Erkundigen Sie sich, ob es eine Botschaft für Sie gibt.

Wenn Sie so weit sind, bedanken Sie sich für die Begegnung. Seien Sie sich bewusst, dass Sie von nun an eng mit dieser Person verbunden sind. Für immer. Atmen Sie tief ein und aus.

Öffnen Sie die Augen in dem Wissen, dass Sie geliebt werden.

# 4 Süße Träume

Ignatius von Loyola (1491–1556), ein baskischer Priester und Mitbegründer des Jesuitenordens, war der Überzeugung, dass Gott sich in allem findet, was ist. Für die Abendstunden empfahl er das »Examen«, einen Tagesrückblick, der auch als »Gebet der liebenden Aufmerksamkeit« bekannt ist. Ich stelle es Ihnen im Folgenden in einer vereinfachten Version vor, die Sie den Tag voller Dankbarkeit Revue passieren lässt.

## EIN MOMENT DER BESINNUNG

Sie liegen schon im Bett, sind kurz vor dem Einschlafen. Dann:

1. Richten Sie sich auf die göttliche Präsenz hin aus und bitten Sie sie, Ihren Tagesrückblick zu begleiten.
2. Erinnern Sie sich voller Dankbarkeit an den Verlauf, den Ihr Tag genommen hat. Denken Sie an alles Schöne, Liebevolle, an jede großzügige Geste, die Ihnen in den vergangenen vierundzwanzig Stunden entgegengebracht wurde.
3. Freuen Sie sich über jeden Moment wie über ein Geschenk. Und seien Sie dankbar. Lassen Sie sich von Kopf bis Fuß von Dankbarkeit erfassen.
4. Bereiten Sie sich dann auf den nächsten Tag vor, indem Sie sagen: »Möge ich mir der Gnade bewusst sein, die mich morgen begleiten wird.« Morgen ist ein neuer Tag. Und beim Aufwachen sind Sie nicht mehr ganz der Mensch, der Sie heute noch waren. Das Leben ist eine Reise voller Hoffnung und voller Möglichkeiten.
5. Schlafen Sie dann sanft ein. Und schlafen Sie gut!

# 2. Verbundenheit

»Unser Herz ist unruhig,
bis es ruht in Gott.«

AUGUSTINUS AURELIUS (354–430),
BISCHOF VON HIPPO,
RÖMISCHER PHILOSOPH
UND KIRCHENLEHRER

**Wann immer ich in Jerusalem war, der Heiligen Stadt dreier Weltreligionen, hat mich die dort allenthalben spürbare Spiritualität tief beeindruckt. Ich habe muslimische Pilger mit dem Gebetsmantel unterm Arm auf den Schrein des Felsendoms (der »Felsenkuppel«) zugehen, jüdische Männer und Frauen an der Klagemauer beten sehen. Andere standen unter Tränen an der Grabeskirche an, um die Stätten der Kreuzung und der Wiederauferstehung Jesu besuchen zu können.**

So ehrwürdig Orte, an denen Menschen seit Generationen Trost und Inspiration finden, auch wirken können – gelebte Spiritualität weist weit über Gebäude, Rituale und Traditionen hinaus. Schon im 13. Jahrhundert schrieb Rumi zu Recht: »In Tempeln, Kirchen und Moscheen habe ich das Göttliche gesucht, nur um es letztlich in meinem Herzen zu finden.«

Mit allem Spirituellen ist es wie mit der Sonne: Sie strahlt, auch wenn sie bei Regen hinter Wolken verborgen bleibt. Ganz ähnlich verhält es sich mit dem Spirit. Warum also wenden wir uns eigentlich nicht der Sonne zu und verbinden uns mit ihr?

# Der Weg zu innerem Frieden

## 1 Still und langsam

Unsere Gesellschaft ist die schnellste aller Zeiten: Tempo, Tempo, Tempo, Fast Food, Hochgeschwindigkeitszüge, immer schnelleres Internet … Unsere elektronische Kommunikation setzt auf prompte Reaktion, Videospiele können gar nicht schnell genug ablaufen. Nicht allein, dass Stille und Langsamkeit unmöglich erscheinen, schon der Gedanke daran fällt schwer. *Wäre Nichtstun nicht schrecklich langweilig?*

Die Energie der universellen Quelle ist am besten in ruhigen Momenten zugänglich. Deshalb befürworten fast alle religiösen Traditionen eine Form des stillen Dasitzens, zumeist mit ruhiger Fokussierung (auf Atem, Gebet, eine Silbe oder ein gechantetes Wort). Eine solche Kultivierung der Stille beruhigt den Geist, belebt die innere Landschaft und führt zum Erkennen des Spirits.

## EIN MOMENT DER BESINNUNG

Nehmen Sie sitzend oder liegend eine bequeme Position ein. Fokussieren Sie sich auf Ihre Atmung, auf das Einatmen, das Ausatmen und auf die darauffolgende kleine Atempause.

Wiederholen Sie dann mehrmals das aramäische Wort *Maranatha* – es bedeutet: »Der Herr komme!« Sie können dieses starke Mantra wieder und wieder vor sich hin sagen, gern auch im eigenen Atemrhythmus: beim Einatmen »mara«, beim Ausatmen »natha«.

Die meditative Konzentration auf das Göttliche erinnert daran, dass wir nicht allein sind. Sie müssen sich Ihren Problemen nicht allein stellen, müssen keine Entscheidung solo treffen oder Ihren Ängsten einsam entgegentreten. Seien Sie sich bewusst, dass das Göttliche stets bei Ihnen ist und durch Sie wirkt.

Sollten Sie statt »göttlich« ein anderes Wort bevorzugen, verwenden Sie es gern. Es geht einfach darum, kurz den Alltag anzuhalten, in Achtsamkeit still dazusitzen und sich von der Energie der universellen Quelle durchdringen zu lassen.

# 2 Die Segnung der vier Himmelsrichtungen

Dieser Segen beruht auf einer Übung, mit der die Ureinwohner Amerikas einst die Erde und den Spirit der Natur ehrten. Kennengelernt habe ich sie bei einer Feier zur Sommersonnenwende in New Mexico. Die vier Richtungen korrespondieren mit den Elementen:

- Osten/Luft: Bewusstsein und Erkenntnis.
- Süden/Feuer: Kraft, Leidenschaft, Energie.
- Westen/Wasser: Herz, Flow, Liebe.
- Norden/Erde: massiv, üppig, kreativ.

Besonders wirksam ist diese Übung als Ehrung des Morgens.

## EIN MOMENT DER BESINNUNG

Stellen Sie sich mit gefalteten Händen hin. Atmen Sie tief ein und aus. Stellen Sie sich vor, durch die Fußsohlen einzuatmen und sich mit Mutter Erde zu verbinden. Verbeugen Sie sich nacheinander in alle Himmelsrichtungen. Sagen Sie dabei laut oder leise die folgenden oder auch gern Ihre eigenen Worte:

- **Nach Osten** – »Möge ich den Atem des Geistes in der Luft spüren. Möge ich gesegnet sein mit einem höheren Bewusstsein, mit Einsicht und Inspiration, jetzt und immerdar.«
- **Nach Süden** – »Möge ich die Macht des Feuers erkennen und von Energie und Freude erfüllt werden, jetzt und immerdar.«
- **Nach Westen** – »Möge ich fließen wie das Wasser, frei und liebevoll, möge ich Freigebigkeit leben und empfangen, jetzt und immerdar.«
- **Nach Norden** – »Möge ich geerdet und zielgerichtet sein und in Fülle leben, jetzt und immerdar.«

Abschließend heben Sie die Arme gen Himmel, dann beugen Sie sie zum Boden. So verbinden Sie Himmel und Erde. Und Sie bilden den Mittelpunkt.

# 3 Niemand ist allein

Sie sind nicht allein – jedenfalls nicht wirklich. Vielleicht wohnen Sie allein oder fühlen sich unter Menschen einsam, und Ihr Ego meint, Sie seien isoliert. Wenn Sie aber in sich hineinhören, wird Ihnen klar, dass Sie Teil der Matrix allen Lebens sind. Sie sind eins mit allen, die weinen, lachen, überleben, singen, tanzen, feiern, erkranken, wieder gesund werden, altern, trauern und sterben. Sie sind eins mit allen, die vor Ihnen gelebt haben, und mit allen, die nach Ihnen kommen. Sie sind ein Glied in der langen Kette der Menschheit.

Dem für seine Tierliebe bekannten Mönch und Prediger Franz von Assisi (1181–1226) war bewusst, dass wir eins sind mit Pflanzen, Tieren, dem Himmel, mit Bäumen, Blumen, der Erde. Eines seiner Gebete richtete sich an »Bruder Sonne« und »Schwester Mond«. Sie sind eins mit allem, das ist.

Die geistige Welt ist immer bei Ihnen. Sie beseelt Sie, begleitet Sie, wacht über Sie, leitet und tröstet Sie. Sie sind Mutter Naturs geliebtes Kind. Selbst wenn Sie sich für einsam halten – Sie sind nie allein. Öffnen Sie sich dem Mysterium.

## EIN MOMENT DER BESINNUNG

Betrachten Sie das Foto eines lebenden oder bereits verstorbenen menschlichen oder tierischen Lebewesens, von dem Sie geliebt werden und das Sie lieben. Spüren Sie Ihre Verbundenheit mit ihm. Welche Rolle spielt es für Sie und Ihr Leben? Sprechen Sie es an: »Spirituell sind wir ewig miteinander verbunden.« Atmen Sie im Bewusstsein dieser Zusammengehörigkeit. Sagen Sie dann: »Du hast mich im Herzen und ich dich.«

Wir sind mit geliebten Wesen verbunden, mit der Energie der universellen Quelle und mit allen Lebewesen aller Zeiten. Machen Sie sich klar, dass Sie und all die anderen Teil des mysteriösen Ganzen sind, eins mit der Liebe.

## 4 Heilige Orte

Ich halte mich ausgesprochen gern in Klöstern, Kathedralen, Kirchen, Aschrams, Tempeln, Synagogen und Moscheen auf. Die Atmosphäre, die dort herrscht, berührt mich sehr, angefangen bei den großen Altären, den Statuen und heiligen Reliquien, bis hin zu den Kerzen, Gebetsteppichen und Blumen. Ich fühle mich eng mit den vielen Generationen von Menschen verbunden, die sich dort schon versammelt, gebetet, geweint und in Wort, Sprechgesang und Liedern ihre Stimme erhoben haben.

Ein bewusst der geistlichen Praxis gewidmeter Ort erleichtert den Kontakt mit der Energie der universellen Quelle. Einen solchen Raum können Sie auch für sich erschaffen.

## EIN MOMENT DER BESINNUNG

Richten Sie sich in einem geeigneten Teil Ihrer Wohnung einen Altar mit heiligen Symbolen ein. Wählen Sie dafür schöne Dinge, die eine bestimmte Bedeutung für Sie haben, zum Beispiel Räucherwerk, Kerzen, Kristalle, Federn, Muscheln und Fotos. Halten Sie sich regelmäßig für mindestens fünf Minuten in Ihrem heiligen Raum auf.

1. Nehmen Sie die Energie sinnlich wahr: Zünden Sie etwas Räucherwerk an und *inhalieren* Sie dessen Duft. *Betrachten* Sie eine Ikone, eine Statue oder ein Bild. *Berühren* Sie Gebetsperlen, einen Stein oder sonst etwas aus der Natur. *Lauschen* Sie einem Flötenstück, gregorianischen Gesängen oder dem »Om« buddhistischer Mönche. Was spricht Sie besonders an?

2. Schließen Sie die Augen, sprechen Sie ein Mantra oder fokussieren Sie sich auf Ihren Atem. Im stillen Dasitzen nehmen Sie die heilige Energie von »etwas Größerem« in sich auf. Spüren Sie anstelle Ihres Egos die Präsenz der universellen Quelle? Sie können sich jetzt einer Last entledigen, indem Sie sie gedanklich auf den Altar legen, wo sie transformiert wird. Sagen Sie: »Bitte hilf mir, mich von dieser Sorge zu befreien. Hilf mir, sie anders wahrzunehmen.« Lassen Sie dann los und warten Sie auf Klärung.

# 3. Wunder

»Es gibt nur zwei Arten zu leben. Entweder so, als wäre nichts ein Wunder, oder so, als wäre alles ein Wunder.«

ALBERT EINSTEIN (1879–1955) ZUGESCHRIEBEN

Als ich einmal Ferien am Meer machte, wachte ich eines Morgens um fünf mit dem dringenden Bedürfnis auf, rauszugehen und in den Himmel zu schauen. Kaum hatte ich die Tür der Hütte geöffnet, wurde ich von einem Sonnenaufgang empfangen, der mir den Atem raubte. Es fing ganz still an – mit Streifen in Rosé- und Goldnuancen, die sich gemächlich über den Himmel erstreckten. Am Horizont schien sich ein Engelschor zu erheben, und mir war, als stünde ich an der Pforte zum Paradies. Der Zauber überwältigte mich schier ... dabei war es doch bloß ein Sonnenaufgang im August.

Alltägliche Wunder ereignen sich ständig, Minute für Minute. Babys kommen zur Welt, Frühlingsblüten sprießen, über unseren Köpfen fliegen schnatternd Gänse, die genau wissen, welche Richtung sie einschlagen müssen. Sie brauchen nur die Augen aufzumachen, um überall um Sie herum große und kleine Wunder zu entdecken. Momente der Besinnung bereiten den Boden dafür.

# Der Weg zu innerem Frieden

## 1 Leben und atmen

Ist es nicht auch ein Wunder, dass Ihr Körper weiß, wie er atmen muss, um Sie am Leben zu erhalten? Ist Ihnen überhaupt bewusst, wie oft am Tag Sie Luft holen? In einem Jahr? Im ganzen Leben? Und jeden Atemzug ermöglicht Ihnen Ihr Körper!

Der Atem verbindet Sie mit Ihrem spirituellen Kern. Das aufs Hebräische zurückgehende Wort *ruach* bedeutet sowohl »Atem« als auch »Geist«, das lateinische *spirare* unter anderem »leben«, »wehen«, »atmen«. Tiefes Durchatmen aktiviert die Entspannungsreaktion des Körpers. Es beruhigt das zentrale Nervensystem, erdet und relaxt zugleich den Geist, und es öffnet uns für das »Größere«. Deshalb sind Atemübungen auch seelisch-spirituell so wirksam.

## EIN MOMENT DER BESINNUNG

Um sich gerade aufzurichten, stellen Sie sich bitte vor, Ihr Kopf werde am Scheitel von einer Schnur emporgezogen. Um das Herzzentrum zu öffnen, schieben Sie die Schultern nach hinten.

Versuchen Sie nun das, was die Wicca-Priesterin Phyllis Curott »grünes Atmen« nennt. Damit intensivieren Sie das ehrfürchtige Zusammengehörigkeitsgefühl mit der Pflanzenwelt.

- Beim Einatmen stellen Sie sich vor, den von Pflanzen abgegebenen, für uns lebenswichtigen Sauerstoff aufzunehmen.
- Beim Ausatmen stellen Sie sich vor, das für Pflanzen lebenswichtige Kohlendioxid an sie abzugeben.
- Beim Einatmen nehmen Sie das Geschenk der Pflanzen auf, mit dem Ausatmen geben Sie ihnen etwas zurück.

Atmen Sie noch eine Weile so weiter und teilen Sie Ihr Kohlendioxid mit den Pflanzen in Ihrem Umfeld. Schließen Sie sich bewusst dem Kreislauf des Lebens an, den Atemzyklen und dem wunderbaren Wirken der Natur, von der Sie ein Teil sind.

Dieser Einheit können Sie sich ganz leicht bewusst werden.

# 2 Wundervolle Fotos

Als Kind war ich unheimlich gern in der Bücherei und habe mir alte Ausgaben von *National Geographic* angeschaut. Diese Zeitschrift, die schon seit 1888 existiert, bot mir einmalige Einblicke ins Leben und in Landschaften unseres Planeten. Ich war fasziniert von den dramatischen Pflanzen- und Tierfotos, den herrlichen Panoramen, spektakulären Unterwasser- und den Makroaufnahmen von Insekten. Ohne dass es mir bewusst gewesen wäre, verhalf mir das Durchblättern des so üppig bebilderten Magazins zu richtiggehend spirituellen Erfahrungen.

Heute kann man sich natürlich ganz leicht durch die allerherrlichsten Bilderwelten klicken, die Ehrfurcht und Bewunderung wecken.

Nehmen Sie sich einen Moment Zeit und bemühen Sie die Wunder der modernen Technologie, um die Naturwunder unserer Mutter Erde zu betrachten.

## EIN MOMENT DER BESINNUNG

Suchen Sie im Internet nach Aufnahmen von Bergen, Tälern, Nationalparks, Wildtieren, Besonderheiten der Wildnis, Meereslandschaften, den verschiedenen Jahreszeiten, Unterwasserwelten, Regenwäldern, tropischen Blumen, Rosengärten, Vögeln und Insekten. Schauen Sie sich nach Fotos von majestätischen Sonnenauf- und -untergängen sowie anderen spektakulären Naturereignissen um. Überaus sehenswert sind auch die Hubble-Teleskop-Aufnahmen, die die Erde vom All aus zeigen.

Wählen Sie ein Bild aus, um es eingehend zu betrachten. Welches Gefühl vermittelt es Ihnen? Nehmen Sie mehr Details wahr, je länger Sie sich das Foto anschauen? Überlegen Sie, wie groß und doch auch vertraut die Welt im Grunde ist. Nehmen Sie ihre wunderbare Schönheit in sich auf und lassen Sie sie auf sich wirken.

Vergessen Sie nicht: Auch Sie sind Teil allen heiligen Lebens auf diesem Planeten.

# 3 Augenschmaus

Als Jugendliche hatte ich das Glück, an Sommercamps in New Mexico teilnehmen zu können. Der Höhepunkt war alljährlich die Beobachtung der Sterne. Zuvor hatte ich weder die Milchstraße je gesehen noch bewusst die Weite des Nachthimmels wahrgenommen.

Vor zweihundert Jahrmillionen war die Stätte dieses Sommercamps auch die Heimat früher Theropoda-Saurier. Tagsüber suchten wir deshalb gern den Boden nach Fossilien ab. In diesen heißen Sommern lernte ich, dass beides von großem Wert ist: der Blick nach oben genauso wie der nach unten. Man weiß ja nie, wo sich das nächste Wunder auftut.

Sie müssen aber nicht verreisen, um die magische Schönheit unserer Welt entdecken zu können. Schauen Sie sich doch jetzt gleich einmal um. Und lassen Sie sich überraschen.

## EIN MOMENT DER BESINNUNG

**Beim Hochschauen**: Schauen Sie aus dem Fenster, um den Himmel zu beobachten. Welche Farbe hat er? Ist er wolkenverhangen? Sehen Sie die Sonne? Achten Sie darauf, wie Sie sich beim Hochschauen *fühlen*. Wenn es dunkel ist – können Sie die Sterne sehen? Den Mond? Einen Planeten? Wie fühlt sich das Hochschauen im Dunkeln an? Jenseits der Erde erstreckt sich die unendliche Weite des Alls. Wie ist es, so klein und dennoch Teil dieses riesigen Ganzen zu sein?

**Beim Zu-Boden-Schauen**: Gucken Sie sich etwas von Nahem an, wie durch eine Lupe. Sind Sie draußen? Wenn ja: Sehen Sie Gras? Blumen? Insekten? In der Wohnung betrachten Sie einen beliebigen Gegenstand in allen Einzelheiten. Ist er handgemacht oder maschinell erzeugt? Fällt Ihnen auf, dass Sie umso mehr Details wahrnehmen, je länger Sie das Objekt anschauen? Betrachten Sie es so, als wären Sie gerade erst auf der Erde angekommen und es wäre ganz neu für Sie. Wie fühlt es sich an, so groß und Teil dieses wunderbaren Ganzen zu sein?

# 4 Körpersprache

Der menschliche Körper ist ein Wunderwerk mit fantastischen Selbstheilungskräften. Und doch haben die meisten von uns die Tendenz, ihn zu kritisieren, an ihm herumzunörgeln und ihn sogar zu misshandeln: weil wir meinen, nicht dünn, jung, hübsch, stark genug zu sein. Manche verabscheuen und »bestrafen« ihren Körper sogar.

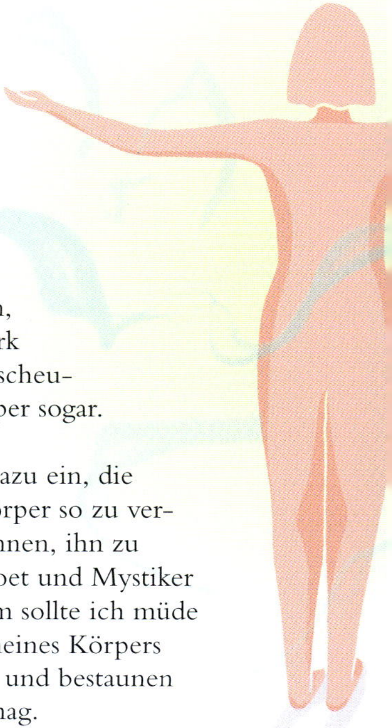

Die nächste Übung lädt Sie dazu ein, die Haltung gegenüber Ihrem Körper so zu verändern, dass Sie anfangen können, ihn zu würdigen. Wie schrieb der Poet und Mystiker Rumi doch so schön: »Warum sollte ich müde sein, wenn doch jede Zelle meines Körpers quicklebendig ist?« Genießen und bestaunen Sie, was Ihr Körper alles vermag.

## EIN MOMENT DER BESINNUNG

Führen Sie im Sitzen einen fünfminütigen Bodyscan durch, vom Scheitel bis zu den Fußsohlen. Achten Sie auf Ihren Kopf, auf Hals, Oberkörper, Arme, Hände, Herz, Bauch, Schenkel, Knie, Waden, Füße. An welchen Stellen fühlen Sie sich verspannt? Atmen Sie in die betreffenden Körperpartien hinein. Entspannen Sie sich.

Damit Sie gehen, gesunden, sich bewegen und ausruhen können, arbeitet jeder Körperteil mit allen anderen zusammen. Ist es nicht großartig, dass Ihr Herz weiß, wie es schlagen muss, dass Ihr Körper imstande ist, das Blut in Bewegung zu halten, Nahrungsmittel zu verdauen und auszuscheiden?

Zeigen Sie sich dankbar für Ihren herrlichen Körper, die perfekte Bekleidung für Ihren Besuch auf dem Planeten Erde.

# 4. Liebe

»Wofür leben wir denn, wenn nicht, um uns gegenseitig alles etwas leichter zu machen?«

GEORGE ELIOT (1819–1880), ENGLISCHE SCHRIFTSTELLERIN

**Einer der Ersten, von denen ich etwas über die Liebe gelernt habe, war Fred Rogers, der beliebte Schöpfer und Moderator der amerikanischen Kinder-Fernsehserie *Mister Roger's Neighborhood*. Mit seiner Botschaft »Du bist etwas Besonderes – und zwar genau so, wie du bist« baute er Generationen von Kids auf. Er war das Sinnbild bedingungsloser Liebe und zeigte immer wieder, dass wir alle in Liebe miteinander verbunden sind.**

Kein Zweifel: Wir alle hungern nach Liebe. Dabei geht es ums Geben, Empfangen, Teilen, Aufnehmen, Vergeben, Wahrnehmen und Umarmen. Überlegen Sie einmal, wie Ihr Leben wäre, wenn Sie aus der Tiefe Ihres Herzens heraus spüren könnten, dass Sie ein geliebtes Kind der universellen Quelle sind. Glücklich würden Sie sein und viel Liebe ausstrahlen. Stellen Sie sich solch ein beseeltes Leben doch bloß einmal vor!

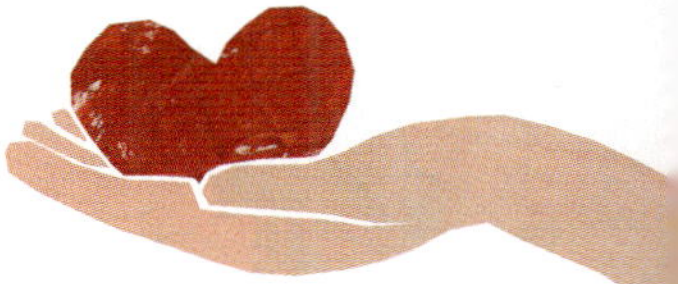

# Der Weg zu innerem Frieden

## 1 »Schönen Abend noch!«

Kürzlich musste ich abends noch kurz in den Spätkauf, um einiges zu besorgen. Als ich den Laden verließ, rief mir der Mann an der Kasse mechanisch »Schönen Abend noch!« nach. Ohne mich umzudrehen, erwiderte ich genauso automatisch »Ihnen auch«. Erst danach fiel mir auf, wie hohl dieser Wortwechsel eigentlich war. Statt bewusst aufeinander zuzugehen, flüchten wir uns leider viel zu oft in solche oberflächlichen Höflichkeiten.

*Namaste*, der alte indische Gruß, bedeutet »Das Licht in mir erweist dem Licht in dir die Ehre«. Und sollten wir nicht versuchen, so viele *Namaste*-Momente wie möglich zu erleben, selbst bei so kurzen, scheinbar unbedeutenden Begegnungen wie im Postamt, auf der Bank oder im Café? Denn potenziell ist jede unserer Interaktionen lichtvoll und aufbauend.

## EIN MOMENT DER BESINNUNG

Nehmen Sie sich vor, auch noch die kürzesten Zusammentreffen liebevoller zu gestalten. Sagen Sie jedem, dem Sie begegnen, etwas Nettes. Machen Sie Komplimente. Stellen Sie eine Frage. Trägt die Person ein Namensschild, sprechen Sie sie mit ihrem Namen an.

Halten Sie Blickkontakt, wenn Sie jemandem von Herzen alles Gute wünschen, und schenken Sie der Person ein aufrichtiges Lächeln. Verleihen Sie dem Moment ein gewisses Gewicht. Der Mensch, mit dem Sie es gerade zu tun haben, ist eine verkörperte Seele – wie Sie. Er ist – auch das wie Sie – eins mit der Quelle und kämpft sich so durch – nicht anders als Sie. Spüren Sie, wie es sich anfühlt, einer anderen Seele Ihr Herz zu öffnen.

# 2 Spieglein, Spieglein an der Wand

Manchmal fällt es uns leichter, einem anderen Liebe entgegenzubringen als uns selbst. Dabei ist Eigenliebe äußerst wichtig. Denn sie stellt quasi die Ur-Liebe dar, die ihre anderen Ausdrucksformen erst ermöglicht. Meine Oma sagte immer: »Gott macht keinen Müll.« Recht hatte sie. Als Kind der universellen Quelle werden wir alle geliebt. Die folgende Übung dient der Bekräftigung dieser Tatsache.

## EIN MOMENT DER BESINNUNG

Von den Augen heißt es oft, sie seien das Tor zur Seele. Also schauen Sie doch einmal in den Spiegel und stellen Sie Blickkontakt her. Sagen Sie zu sich: »Du bist ein Kind des Universums« oder »Du bist ein strahlendes Lichtwesen«. Oder Sie bringen das Gefühl der Selbstliebe mit anderen Worten zum Ausdruck.

Sie haben Probleme mit der Eigenliebe? Allein sind Sie damit keinesfalls. Aber sich zu mögen ist erlernbar. Legen Sie sich zur Mobilisierung von Mitgefühl für die eigene Person die Hand in der Herzgegend auf die Brust und sprechen Sie das machtvolle Mantra: »Liebe umgibt dich; Liebe ist in dir; du bist eins mit der Liebe.« Versichern Sie sich Ihrer Verbundenheit mit der heiligen Macht.

Regelmäßig praktiziert wird Sie die Spiegelübung auf Dauer für Selbstmitgefühl, Selbstakzeptanz und Eigenliebe öffnen.

## 3 Ho'oponopono

Die folgende alte hawaiische Praxis beschwört die universellen Kräfte von Reue, Vergebung, Liebe und Dankbarkeit herauf. Sprechen Sie die vorgegebenen Sätze wie ein Mantra und beziehen Sie sie auf eine Person, mit der Sie Konflikte haben, dann wird sich Ihr Herz allmählich öffnen. In dem Maße, in dem Sie Ihren Widerstand aufgeben und Mitgefühl zulassen, wird sich die Beziehung zum Betreffenden verbessern. Bedienen Sie sich dieses Mantras, um von Negativität auf Friedfertigkeit umzuschalten, insbesondere, wenn Sie das Gefühl haben, schlecht behandelt worden zu sein.

## EIN MOMENT DER BESINNUNG

Denken Sie intensiv an eine Person, mit der Sie einen Konflikt haben oder die Sie besonders nervt.

Sagen oder chanten Sie: »Es tut mir leid. Bitte vergib mir. Ich liebe dich. Danke.«

Atmen Sie. Wiederholen Sie die Sätze so oft, wie es sich für Sie richtig anfühlt.

Wiederholen Sie dieses Prozedere täglich. Es wird Sie verändern – und damit auch die problematische Beziehung.

# 4 Friedensgebete

Eine Mutter suchte mich nach dem Tod ihres dreißigjährigen Sohnes auf. In den mehr als zwölf Monaten, die ich mit ihr arbeitete, wurde ihre pfeilspitze Trauer zu einem stumpfen Schmerz. Oft sprachen wir darüber, dass auch Verluste zur Liebe und zum Leben gehören. Eines Tages vertraute sie mir an, sie sei mittlerweile viel weicher geworden und empfinde jetzt mehr Mitgefühl. »Wenn ich heute irgendwo auf der Welt im TV trauernde Menschen sehe«, sagte sie, »denke ich nicht mehr nur: *Ach, das tut mir aber leid*. Sondern ich fühle mit ihnen. Ich hab jetzt mehr Verständnis für ihren Schmerz – weiß aber immer noch nicht, wie ich damit umgehen soll.«

Mithilfe der folgenden Übung lernte sie, ihr Mitgefühl direkt auf die Menschen zu lenken, denen es schlecht geht.

## EIN MOMENT DER BESINNUNG

Vielleicht empfinden Sie keine sofortige Herzenswärme, aber mit der Zeit wird sie sich einstellen. Denn alles, was Sie einüben, verstärken Sie auch. Nehmen Sie sich nach der Übung ein bisschen Zeit, um zu bemerken, ob Sie schon etwas sensibler geworden sind und das erste bisschen Wärme empfinden.

1. Sie sitzen mit nach oben geöffneten Handflächen bequem da.

2. Senken Sie die Lider und führen Sie sich nacheinander bedürftige Menschen und Gruppen vor Augen. Stellen Sie sie sich einzeln von goldenem Licht beschienen vor.

3. Heben Sie die Handflächen etwas an und stellen Sie sich vor, dass auch aus ihnen Licht kommt und die Menschen und Gruppen zusätzlich bestrahlt.

4. Sagen Sie laut oder stumm zu sich: »Möget ihr tiefen, dauerhaften Frieden empfinden. Mögen euch Hilfe, Trost, Licht und Liebe zuteilwerden. Und möget ihr auf eurer Lebensreise Barmherzigkeit und Erbarmen begegnen.«

# 5. Vertrauen

»Du sollst selbst sehen,
dass alles jeglicher Art
gut sein wird.«

JULIANA VON NORWICH
(1342 BIS NACH 1413),
ENGLISCHE MYSTIKERIN

Wenn Sie sich ausschließlich in der horizontalen Dimension bewegen, der irdischen Ebene, kann das Leben erdrückend und richtiggehend beängstigend wirken. Dann lauern hinter jeder Ecke Gefahren und Schwierigkeiten. Dinge, von denen Sie nicht wollen, dass sie sich ändern, ändern sich, und Dinge, die sich, ginge es nach Ihnen, ändern sollten, bleiben so, wie sie sind. Manchmal kann sich das Leben anfühlen wie eine brutale Partie Völkerball. Werden Sie jetzt nicht getroffen, dann aber bestimmt in nächster Zukunft ...

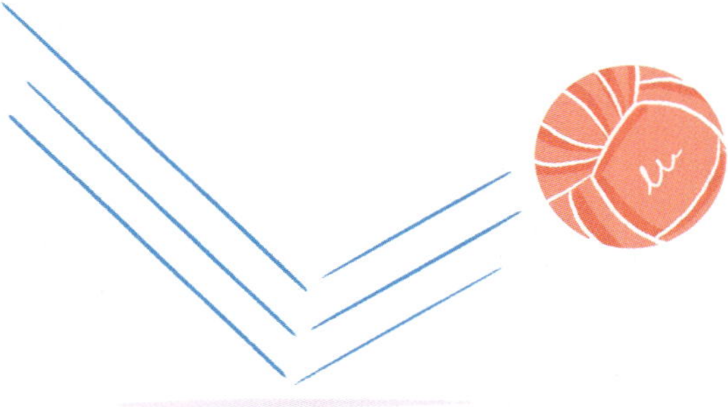

Leben Sie dagegen in der vertikalen Dimension, also auf der spirituellen Ebene, wissen Sie, dass nicht alles so ist, wie es aussieht, dass Schwierigkeiten mit Geschenken einhergehen und ein verkleideter Segen sein können.

Als ich vor einiger Zeit durch Indien reiste, stand ich vor einer unangenehmen Entscheidung. Auf dem Weg nach Rishikesh saß ich grübelnd im Zug, als der Kellner Tee und Samosas brachte. In fetten Lettern stand auf der Verpackung meines Teebeutels das Wort »TRUST« (Vertrauen). *Aber hallo*, dachte ich. *Will mir das Universum vielleicht eine Nachricht überbringen?*

Für mich war es jedenfalls ein Zeichen, auf meine Intuition zu hören. Die Verpackung des Teebeutels habe ich übrigens aufgehoben und muss jedes Mal lächeln, wenn ich sie sehe.

Vertrauen setzt Intention und Übung voraus. Die folgenden Übungen werden Ihnen helfen, auf das Wissen Ihres Herzens zu vertrauen.

# Der Weg zu innerem Frieden

## 1 Aktive Akzeptanz

Akzeptanz bezeichnet den Prozess des Sich-Arrangierens mit der Wirklichkeit. Das ist nicht identisch mit Resignation, sondern heißt lediglich, den Widerstand gegen Dinge aufzugeben, an denen nichts zu ändern ist, um genügend Energie fürs Durchatmen und Abstandgewinnen aufbringen zu können. Akzeptanz stellt eine Art Vertrauen ins Universum dar, die zum Tragen kommt, wenn man den Eindruck hat, alles sei aus den Fugen geraten.

Auf dem Weg zu innerem Frieden besteht der erste Schritt darin, dem Strom zu folgen, statt sich den Fluten zu widersetzen. Die folgende Übung kann Ihnen dabei behilflich sein.

## EIN MOMENT DER BESINNUNG

Im Geiste aktiver Akzeptanz empfehle ich, diese Übung bei jedem Händewaschen durchzuführen. Während das Wasser über Ihre Finger rinnt, atmen Sie tief durch und spüren das Fließen. Achten Sie auf die Temperatur. Sagen Sie dann (stumm oder laut):

»Ich folge dem Strom.«

Oder:

»Alles ist genau so, wie es sein soll.«

Oder:

»Möge ich dem Fluss des Lebens ohne Widerstand folgen können.«

Oder:

»Ich lasse Fülle und Überfluss in mein Leben.«

## 2 »Nur für mich«

Beim Tagebuchschreiben ordnen und resümieren Sie Erlebtes und können so ganz neu über Ihr Leben nachdenken. Bei der Suche nach der richtigen Perspektive wird das beobachtende, eventuell sogar das höhere Selbst aktiviert.

Ich schreibe regelmäßig Tagebuch, seit ich acht war, und empfinde diese tägliche Routine als reinsten Seelentrost. Wir alle können uns beim Führen eines Journals zu Entdeckungen animieren lassen, die uns sonst entgangen wären.

## EIN MOMENT DER BESINNUNG

Überlegen Sie: *Inwiefern ist das Geschehene zu Ihren Gunsten, auf welche Weise können Sie davon profitieren?*

Versuchen Sie, alles zu sehen, als diene es Ihrem höchsten seelischen Wohl, auch wenn die Umstände dagegen zu sprechen scheinen: So gibt Ihnen etwa das verstauchte Fußgelenk Gelegenheit, sich auszuruhen. Ein Umzug ermöglicht Ihnen einen kompletten Neuanfang. Seien Sie für alles dankbar – selbst für Schmerzvolles und Schwieriges.

Schreiben Sie alles auf, was Ihnen in den Sinn kommt – auch zornige, verwirrte oder widerständige Gedanken. Sollte es Ihnen schwerfallen, das Gute an einer schwierigen Situation zu erkennen, können Sie notieren, inwiefern Sie bereit sind, die Dinge anders zu sehen und eine neue Perspektive einzunehmen.

Machen Sie sich keine Gedanken über Ihren Schreibstil – Ihr Tagebuch liest ja niemand außer Ihnen. Vielleicht wollen Sie jedoch noch folgende Frage behandeln: »Warum geschieht dies wohl gerade *jetzt*, in diesem Moment, zum höchsten Wohl meiner Seele?« Diese Übung hilft Ihnen, die (schmerzhafte) Opferrolle anzuzweifeln, die Sie womöglich angenommen haben, und zeigt Sie als mit dem Universum verbundenes geliebtes Lichtwesen.

# 3 Kerzenlicht

Als ich in Kathmandu war, wollte ich vor allem die Tempelanlage Swayambhunath erklimmen, also den sogenannten Affentempel besuchen. Der Komplex besteht aus einer Stupa (in der Reliquien aufbewahrt werden), verschiedenen Schreinen, einem Kloster, Museen, Läden – und natürlich gibt es dort auch viele Affen.

Besonders zog mich ein Raum an, der von vielen kleinen Lichtern beleuchtet wurde. Er gehörte zum Kloster und enthielt Hunderte von Yakbutterlampen. Als ich eintrat, wurde ich von einem vielstimmigen tiefen »Om« empfangen und taumelte buchstäblich einen Schritt zurück, so umwerfend schön war das alles.

Schon seit Jahrhunderten bringen Kerzen Licht; sie vertreiben die Dunkelheit, schaffen Atmosphäre und krönen spezielle Festtage.

## EIN MOMENT DER BESINNUNG

Zünden Sie in aller Ruhe eine Kerze an, bewusst und andächtig.

Blicken Sie achtsam ins Zentrum der tanzenden Flamme. Das Beobachten einer Kerze hilft, den Geist zu klären, und soll sogar der Erleuchtung den Weg bereiten.

Vertrauen Sie darauf, dass das Kerzenlicht die Dunkelheit in Ihrem Leben vertreibt. Vertrauen Sie darauf, dass es Menschen gibt, die diesen Planeten erhellen. Und vertrauen Sie darauf, dass auch Sie das Potenzial dazu haben. Wie sieht Ihr Licht aus, das sich in der Kerzenflamme spiegelt?

Pusten Sie die Flamme aus und schauen Sie zu, wie sich ihr Rauch mit der Raumluft vermischt. Betrachten Sie ihn als Gabe an den Himmel, als Dank für die vielen Lichter auf Erden.

# 4 »Mach mich zu einem Instrument«

Das Franz von Assisi zugeschriebene christliche »Gebet des Heiligen Franziskus« beginnt mit den Worten »Herr, mach mich zu einem Instrument deines Friedens«.

Der buddhistische »Edle Achtfache Pfad« beinhaltet unter anderem den »rechten Lebensunterhalt«, »rechtes Handeln« und »rechte Rede«. Alles, was Sie tun und sagen, wirkt sich unmittelbar auf Ihr Leiden und das aller anderen Lebewesen aus.

Bitten Sie daher Ihre geistige Führung, nützlich sein zu dürfen, und vertrauen Sie darauf, dass Sie etwas verbessern können, was es auch sein mag. Innerer Frieden geht auf Sein und Tun zurück. Vertrauen Sie darauf, dass Sie einen Weg finden, sich nützlich zu machen, wenn Sie nur offen für alles sind. Sie haben auf diesem Planeten eine konkrete Bestimmung, derer sich das Göttliche so bedient, wie es zu Ihren Talenten passt. Sie müssen sich nur öffnen und bereit sein.

## EIN MOMENT DER BESINNUNG

Bitten Sie mit offenen, gebenden Händen darum, als Instrument der Gnade für diesen Planeten dienlich sein zu dürfen.

- Deuten Sie auf Ihren Kopf und bitten Sie um Inspiration.
- Deuten Sie auf Ihre Augen und bitten Sie um Weitsicht.
- Deuten Sie auf Ihren Mund und bitten Sie um die rechten Worte.
- Deuten Sie auf Ihr Herz und bitten Sie um Liebesfähigkeit.
- Gestatten Sie sich, über sich hinauszuwachsen: Werden Sie zur Flöte, auf der die Energie der Quelle ihre Musik macht.
- Überlegen Sie, auf welchem Gebiet Sie diese Musik spielen lassen können: bei der Arbeit, zu Hause, in der Partnerschaft, im Freundeskreis, Tieren und dem ganzen Planeten gegenüber. Gestatten Sie sich, zum Instrument von Gottes Frieden zu werden.

# 6. Ewige Ruhe

»Ein jegliches hat seine Zeit,
und alles Vornehmen
unter dem Himmel hat seine
Stunde. Geboren werden
und sterben ...«

PREDIGER 3, 1–2

**Ich arbeite seit mehr als dreißig Jahren mit Trauernden. Also weiß ich, dass Säuglinge, Ehemänner, Mütter, Brüder sterben – oft ohne jegliche Vorwarnung. Und wenn die Zeit gekommen ist, diesen Planeten zu verlassen, werden auch Sie und ich sterben. Garantiert. Und das kann furchterregend sein oder befreiend.**

In dem (auf der Lebensgeschichte des Schriftstellers C. S. Lewis beruhenden) Fernsehfilm *Shadowlands* (1985) erinnert sich Lewis an eine Bemerkung seiner Frau auf dem Sterbebett: »Dies hier ist nur das Land der Schatten. Das wirkliche Leben fängt erst noch an.« Diese Worte fielen mir kürzlich im Gespräch mit einer Klientin ein, die während einer OP ein Nahtoderlebnis hatte. Dabei, sagte sie, habe sie über ihrem Körper in der Luft geschwebt und dem medizinischen Personal bei der Arbeit zugeschaut. »Alles in Ordnung«, hätte sie ihnen gern gesagt, »mir geht's gut.« Dann wurde sie auf ein Licht aufmerksam, das sie, wie sie es ausdrückte, »mit reiner Liebe« umgab. Sie spürte keinen Kummer, keinen Schmerz, nur tiefen Frieden und fühlte sich unendlich geliebt. Diese Erfahrung empfand sie als so schön, so freudvoll, dass sie direkt enttäuscht war, als ihr ein »Lichtwesen« auftrug, in ihren Körper zurückzukehren.

Wäre Ihnen bewusst, dass der Tod eine Erfahrung wunderbarer Liebe, unglaublicher Harmonie und größter Glückseligkeit sein kann, hätten Sie wahrscheinlich nicht so große Angst vor dem Sterben. Und wenn Sie sicher wüssten, dass Ihre lieben Heimgegangenen in großer Ruhe auf Sie warten, würden Sie sich bestimmt freuen.

Ein spirituell erfülltes Leben beruht auf dem Wissen, dass Sie, wenn Ihre Zeit gekommen ist, in Frieden ruhen werden und alles gut wird.

Bis es so weit ist, kann das Bewusstsein unserer Sterblichkeit – sowie das Wissen, dass der Tod nichts Furchterregendes ist – das tiefe Bedürfnis wecken, die uns verbleibende Zeit auf der Erde bewusst zu erleben. Wir haben die Wahl: Wir können klar sehen oder uns verrückt machen vor Angst.

# Der Weg zu innerem Frieden

## 1 Mula Bandha

Alles Unbekannte kann beängstigend sein, besonders aber das Sterben, der Tod und was danach kommt. Doch mit einiger Übung können wir lernen, Geist und Körper zu beruhigen und uns in der Ruhe zu verankern, die diese Welt mit der nächsten verbindet.

*Mula Bandha* ist eine alte yogische Technik, die Ihre »Wurzeln« stärkt, Ihnen ein Gefühl der Erdung gibt und Sie stabilisiert, wenn Sie verunsichert sind. Das Sanskrit-Wort *mula* heißt »Baumwurzel« und *bandha* steht für »verbinden«, »zusammenführen«, »vereinigen«. Auf Deutsch heißt Mula Bandha deshalb »Wurzelverschluss«.

Die folgende Variante der traditionellen Übung verhilft Ihnen im Bedarfsfall zu Stabilität und Ruhe.

## EIN MOMENT DER BESINNUNG

1. Setzen Sie sich ruhig hin und atmen Sie langsam einige Male bis tief in den Bauch ein und aus.

2. Spannen Sie Ihre Beckenbodenmuskulatur an (die Muskeln am Boden der Beckenhöhle).

3. Richten Sie sich bei angespannter Beckenbodenmuskulatur gerade auf und ziehen Sie den Nabel an die Wirbelsäule. Atmen! Die Bewegung bewirkt eine energetische Versiegelung am Wurzelchakra (einem Energiezentrum), die das Prana (die Lebenskraft) in den zentralen Versorgungskanal des Körpers hineinzieht.

4. Sagen oder denken Sie: »Ich bin verwurzelt. Ich bin stark und aufrecht wie ein Baum.«

5. Beenden Sie die Übung, indem Sie ein paarmal tief ausatmen und dabei alle Luft aus der Lunge drücken.

Sie müssen diese Übung nicht täglich durchführen. Doch wann immer Sie das Bedürfnis nach Ruhe und Stabilität empfinden, wird sie Ihnen gute Dienste leisten.

## 2 Der Bindestrich

Auf den meisten Grabsteinen stehen das Geburts- und das Todesjahr, getrennt durch einen Bindestrich. Sie leben aktuell im Bindestrich Ihres Lebens, zwischen Geburt und Tod. Kosten Sie das auch richtig aus? Oder lassen Sie sich womöglich nicht genug Zeit, um das Leben zu genießen, und sind innerlich schon mehr auf die Zahl nach dem Bindestrich eingestellt?

Poesie entschleunigt. Sie berührt die Seele und erschließt auch tiefere Sphären des Seins.

Wie am Leben sollten wir uns auch an der Poesie in Ruhe und mit großer Intensität erfreuen.

## EIN MOMENT DER BESINNUNG

1. Suchen Sie sich ein stimmungsvolles, besinnliches Gedicht aus, vielleicht im Internet oder aus einer Anthologie.
2. Lesen Sie es sich mehrmals langsam durch. Schließen Sie dann die Augen und lassen Sie die Aussage auf sich wirken.
3. Lesen Sie das Gedicht noch einmal. Wählen Sie einen Begriff oder Gedanken, der Sie besonders anspricht. Schließen Sie dann wieder die Augen und denken Sie einen Moment über den Begriff oder Gedanken nach. Welche Gefühle weckt er in Ihnen? Welche Bedeutung hat er für Sie? Können Sie Ihr Leben mit seiner Hilfe noch intensiver auskosten?
4. Lassen Sie sich auch von anderen Gedichten inspirieren, um runterzuschalten und mehr aus Ihrem kostbaren Leben zu machen.

Inwiefern kann unsere Sterblichkeit zu einem erfüllteren Leben führen? Niemand weiß, wie lang sein Bindestrich noch ist. Verschieben wir also nichts mehr auf den Sankt-Nimmerleins-Tag!

# 3 Das Ende

»Das Leben ist unsicher, sicher ist nur der Tod«, sagen die Buddhisten. In dieser Tradition gilt die Meditation über den Tod als Möglichkeit, ihm dereinst wie einem Freund zu begegnen.

Das unter Katholiken beliebte Gebet »Gegrüßet seiest Du, Maria« enthält die Zeilen: »Heilige Maria, Mutter Gottes, bitte für uns Sünder jetzt und in der Stunde unseres Todes.« Wer dieses Gebet spricht, wird an die Endlichkeit des Lebens erinnert, findet aber auch Trost in der Hoffnung, dass Mutter Maria ein gutes Wort für ihn einlegt.

Niemand kann wählen, *ob* er sterben möchte. Eine gewisse Entscheidungsfreiheit besteht jedoch bezüglich des *Wie*.

Nur die wenigsten malen sich ihren Tod aus. Genau darauf jedoch zielt die folgende Übung ab: Möchten Sie mit Angst und Abwehr aus dem Leben gehen? Oder mit Leichtigkeit und Vertrauen?

Wie wäre es, wenn Sie sich Ihren Tod als schönen, friedlichen Moment des Hinübergehens vorstellen würden?

## EIN MOMENT DER BESINNUNG

Stellen Sie sich den Moment vor, in dem Sie den Planeten verlassen, also sterben. Sehen Sie sich in Begleitung einer weisen Gestalt – Buddha, Kuan Yin, Jesus, Jungfrau Maria, ein Geistführer, Heiliger, Engel, ein Ahne, vielleicht auch ein Haustier – und visualisieren Sie dieses Wesen, das Ihnen beim Sterben behilflich ist. Stellen Sie sich vor, Sie wüssten, dass Sie in Ihren letzten Momenten nicht allein sein werden. Atmen Sie im Bewusstsein von Licht und innerem Frieden.

Malen Sie sich aus, wie Sie über eine Lichtbrücke auf die andere Seite gelangen und von der weisen Gestalt empfangen werden, die enthusiastisch auf Sie zukommt. Atmen Sie im Bewusstsein von Licht und innerem Frieden.

Der Tag, an dem Sie auf das weise Wesen zugehen, wird irgendwann kommen. Bitten Sie um Unterstützung – in der Gegenwart, beim Nachsinnen über Ihre Sterblichkeit und später bei Ihrem endgültigen Übergang. Lassen Sie zu, dass Ihre Ängste von der tröstenden, liebevollen Verbundenheit mit Ihrem Begleiter gelindert werden.

# 4 Automatisches Schreiben

Stirbt ein Stern, scheint sein Licht noch Jahrmillionen weiter. Und genauso hell strahlt das Licht unserer lieben Dahingeschiedenen.

Die folgende Übung unterstützt mich effektiv bei der Arbeit mit Trauernden, die nach Wegen suchen, die Verbundenheit mit der geliebten Person aufrechtzuerhalten.

Diese und die nächste Welt sind lediglich durch einen dünnen Schleier voneinander getrennt. Und Sie können ihn lüften, wenn Sie nur bereit sind, sich zu öffnen.

## EIN MOMENT DER BESINNUNG

Schreiben Sie mit Ihrer dominanten Hand einer lieben verstorbenen Person einen Brief. Erzählen Sie ihr, was Sie fühlen und wie es Ihnen seit ihrem Tod ergangen ist.

Lassen Sie sich von ihr einen Antwortbrief diktieren und schreiben Sie ihn mit der nicht dominanten Hand, um Ihren inneren Kritiker auszuschalten. Dadurch, dass Sie sich auf jeden einzelnen Buchstaben konzentrieren müssen, werden Sie den Inhalt des Geschriebenen weniger zensieren. Was möchte Ihnen der oder die Verstorbene mitteilen?

Auch wenn es schwerfällt: Versuchen Sie, die Wörter aufs Papier fließen zu lassen, wie sie Ihnen kommen, ohne Rücksicht auf Grammatik, Stil und Rechtschreibung. Schalten Sie den Kopf aus und schreiben Sie einfach drauflos. (Bei einem spirituellen Medium heißt diese Technik »automatisches Schreiben«.) So kommunizieren Sie mit einem geliebten Menschen, der immer noch bei Ihnen und ein Teil von Ihnen ist. Die lebendige Beziehung, die zwischen Ihnen beiden besteht, geht über den Tod hinaus.

# Zum Schluss: Ein Segen

»Es gibt zwei Arten,
für Licht zu sorgen:
Man kann die Kerze sein
oder der Spiegel,
der die Flamme reflektiert.«

EDITH WHARTON (1862–1937),
AMERIKANISCHE SCHRIFTSTELLERIN

**Fühlt man sich von der Quelle getrennt, kommt einem das Leben beängstigend, einsam und richtiggehend sinnlos vor. Denn letztlich sehnen wir uns ja alle danach, Teil von »etwas Größerem« zu sein und uns vornehmlich in der vertikalen Dimension des Bewusstseins zu bewegen.**

Wie Momente des Zweifels und der empfundenen Sinnlosigkeit gibt es auch Lichtmomente. Nehmen Sie die Möglichkeiten wahr, die das Mysterium birgt. Akzeptieren Sie Unbekanntes, Unsicheres und nähren Sie den Funken der Hoffnung.

Ich wünsche Ihnen, dass Sie das Spirituelle in und um Sie herum erkennen und das Leben durch die Linse der Liebe sehen können. Mögen Sie sich täglich mit der Energie der Quelle verbinden, Friedfertigkeit ausstrahlen und wissen, dass alles gut wird, wenn Sie in Ihr ewiges Zuhause zurückkehren.

Bis dahin vergessen Sie bitte nicht, dass es einen guten Grund dafür gibt, dass Sie hier sind.

Lassen Sie sich führen und unterstützen.

# Literatur


Adyashanti: *In Gnade fallen. Einsichten in das Ende des Leidens* (Hamburg 2011)

Barks, Coleman: *A Year with Rumi. Daily Readings* (San Francisco 2006)

Byron Katie: *Eintausend Namen für Freude. Leben in Harmonie mit dem Tao* (München 2012)

Chödrön, Pema: *Suche die Freude. Durch Lojong-Übungen Mitgefühl und Furchtlosigkeit entwickeln* (München 2009)

De Waal, Esther: *Lost in Wonder. Rediscovering the Spiritual Art of Attentiveness* (Norwich 2003)

Fitzpatrick, Jean Grasso: *Something More. Nurturing Your Child's Spiritual Growth* (Harmondsworth 1992)

Frankl, Viktor E.: *Der Mensch auf der Suche nach Sinn* (Stuttgart 1972)

Lamott, Anne: *Help, Thanks, Wow. The Three Essential Prayers* (London 2013)

Lief, Judith L.: *Das Geschenk der Vergänglichkeit. Der buddhistische Weg der Versöhnung mit dem Tod* (München 2013)

Linn, Denise: *Kindling the Native Spirit. Sacred Practices for Everyday Life* (London 2015)

Muller, Wayne: *Einfach genug. Der Weg zu einem erfüllten Leben* (Dillerberg 2010)

Rohr, Richard: *Reifes Leben. Eine spirituelle Reise* (Freiburg im Breisgau 2012)

Tolle, Eckhart: *Jetzt! Die Kraft der Gegenwart. Ein Leitfaden zum spirituellen Erwachen* (Bielefeld 2010)

Weiss, Brian: *Die zahlreichen Leben der Seele. Die Chronik einer Reinkarnationstherapie* (München 2005)

Williamson, Marianne: *Rückkehr zur Liebe. Harmonie, Lebenssinn und Glück durch »Ein Kurs in Wundern«* (München 2016)

# Dank

Mit allergrößter Freude verleihe ich meiner Dankbarkeit den Menschen gegenüber Ausdruck, die der Wind unter meinen Flügeln sind und die auf ganz unterschiedliche Art und Weise geholfen haben, dieses Buch auf den Weg zu bringen.

Ein besonderer Dank gilt Leanne Bryan, Stephanie Jackson, Polly Poulter und dem ganzen hoch talentierten Team bei Octopus Publishing. Jedes Projekt mit euch ist rundum eine große Freude. Auch darf ich mich ein weiteres Mal bei John Willig bedanken, dem besten Literaturagenten, den man sich nur wünschen kann. Danke für Unterstützung, Begeisterung und Begleitung.

Dankbar verneige ich mich vor meinen Kolleginnen Claire Houston, Lesley Zarat und Denise Lamothe, die mich nicht nur an ihren Erkenntnissen teilhaben lassen, sondern auch schon die Veröffentlichung mehrerer anderer Bücher von mir begleitet haben.

Zu meiner spirituellen Bildung und Weiterentwicklung haben viele Menschen und Institutionen beigetragen, denen ich allen zu Dank verpflichtet bin: First Community Church, Ghost Ranch, Perkins Chapel, All Souls Church, South Church, Aryaloka, Star Island, das

SSJE-Kloster, Emery House, Ananda und Adelynrood. Ich grüße alle Brüder der Society of St John the Evangelist (SSJE), die mir seit fast zwanzig Jahren vertraut sind. Eine ehrende Erwähnung gebührt sowohl meinen Holy-Land-Schwestern als auch denen von Spiritual Direction, die mir Liebe und Gebete widmeten.

Von ganzem Herzen bedanke ich mich bei meiner Familie: Peyton und Bill, Sheila und William, Judith und Burton, Rebecca und Taylor, Martha und Stephen. Und bei meinen Kindern: Elizabeth, Channing, Setse, Victoria und Inle. Euch allen wünsche ich ein glückliches vertikales Leben.

Nicht zuletzt bedanke ich mich bei meinem Meer der Ruhe, meinem Felsen in der Brandung, meinem sicheren Hafen, meinem wunderbaren Ehemann Daniel. Du machst jeden der wundervollen Aspekte meines Lebens noch ein bisschen schöner. Du bist von jenem »Größerem« durchdrungen, das auch zwischen uns beiden schwingt und unsere Herzen für immer verbindet. Ich bin so dankbar für deine Liebe und Unterstützung, deine Aufmerksamkeit und unglaubliche Großherzigkeit. Danke, dass du mir ein weiteres Mal mit all deinem Können und Wissen behilflich warst, ein Buch zu erschaffen.

Mögen Sie in friedvoller Gelassenheit leben.
Mögen Sie sich von Engelsflügeln
zart berührt fühlen.

Mögen die Übungen in diesem Buch
zu Ihrer spirituellen Bereicherung beitragen und
Ihnen Auftrieb geben.

Mögen Sie vom Licht der Quelle
beschienen sein und es verbreiten können ...
jetzt, in Zukunft und auf jede denkbare
Art und Weise.